Novena para quem está sofrendo por calúnia ou difamação

Felipe G. Alves

Novena para quem está sofrendo por calúnia ou difamação

EDITORA
VOZES

Petrópolis

© 2009, Editora Vozes Ltda.
Rua Frei Luís, 100
25689-900 Petrópolis, RJ
Internet: http://www.vozes.com.br

Todos os direitos reservados. Nenhuma parte desta obra poderá ser reproduzida ou transmitida por qualquer forma e/ou quaisquer meios (eletrônico ou mecânico, incluindo fotocópia e gravação) ou arquivada em qualquer sistema ou banco de dados sem permissão escrita da Editora.

Diretor editorial
Frei Antônio Moser

Editores
Ana Paula Santos Matos
José Maria da Silva
Lídio Peretti
Marilac Loraine Oleniki

Secretário executivo
João Batista Kreuch

Editoração: Fernando Sergio Olivetti da Rocha
Projeto gráfico: AG.SR Desenv. Gráfico
Capa: Omar Santos

ISBN 978-85-326-3869-4

Editado conforme o novo acordo ortográfico.

Este livro foi composto e impresso pela Editora Vozes Ltda.
Rua Frei Luís, 100 – Petrópolis, RJ – Brasil – CEP 25689-900
Caixa Postal 90023 – Tel.: (24) 2233-9000
Fax: (24) 2231-4676

Introdução

Como dói sentir-se desprezado ou não amado! Como dói ver o próprio nome jogado na sarjeta, difamado, caluniado por gente de quem nunca se esperaria tal atitude! É o vai e vem da vida atravessando ressacas e tempestades, ameaçando destruir o frágil barco da existência. Tudo isso faz doer por dias, por meses e até por anos a fio, arrastando amargura, ou até mesmo desespero.

Alguns preferem sofrer em silêncio, fingindo que nada está doendo. Mentem dizendo: "Oh, está tudo legal. Nada me afeta". E, assim, adiando qualquer decisão, procuram esconder o lixo debaixo do tapete. Outros, pior ainda, se protegem pela fuga da realidade, comendo demais ou mergulhando no álcool. Há, também, os que se refugiam nas drogas ou numa vida sexual sem lei nem amor. No entanto, quando a pessoa volta à realidade, percebe que nada está resolvido. E a dor continua, multiplicando depressões ou agressões ou doenças físicas de fundo emocional.

Terrível ressentimento. É mais que veneno a corroer a alegria da alma. Basta se lembrar da maledicência ou da calúnia sofrida que a dor explode e o passado volta a controlar o presente.

Como remédio para esses males, surgiu esta *Novena para quem está sofrendo por calúnia ou difamação*, que é caminho para a verdadeira liberdade, com correntes quebradas e com cárceres abertos. Ela levará você até a amar quem o feriu e assim você será, novamente, herdeiro da bênção. Esta novena é diferente da *Novena para libertar-se das mágoas e cultivar o perdão*. Esta primeira foi escrita para pessoas de caráter colérico, que têm dificuldade em perdoar. Esta atual, a de agora, visa mais a pessoa introvertida que, em vez de superar a situação, prefere ficar sofrendo em silêncio num canto.

Faça esta novena, cheio de fé, e você vai se libertar de todas as mágoas e de todos os ressentimentos. Os anjos de luz acompanharão você durante esses 9 dias repletos de graças. Durante esta novena, você vai ouvir, dia por dia, palavras inspiradas, caídas do céu, para você meditá-las, abrindo-se para o alto. E a sua oração o libertará, introduzindo-o num mundo de paz que só o Bom Pai tem para dar.

Mas, por favor, não leia a novena inteira, de uma só vez, do começo ao fim. Cada um dos 9 dias tem suas orações próprias, com suas meditações intercaladas, como sementes semeadas que, em 9 dias, irão brotar, crescer e frutificar.

1º DIA: A DIFAMAÇÃO ME FERIU E EU ESTOU CONFUSO

 1. **Oração inicial** (veja início da novena!).

Palavra do Bom Pai: Filho querido, eu amo você e quero que a luz do sol seja, em sua vida, sete vezes maior, com o brilho de 7 dias reunidos. Por isso, estou aqui, para curar todas as suas chagas. Para o meu coração, você tem o direito de dizer tudo. Abra a boca e fale!

Você: Obrigado, Pai. Eu também o amo. Mas, me ajude! "A língua do caluniador abalou a muitos. [...] Um golpe de açoite provoca contusões. Mas um golpe de língua quebra os ossos" (Eclo 28,14.17). E esse golpe fez com que a dor e o desespero tomassem conta de mim.

Palavra do Bom Pai: Ó filho meu, ferido e machucado, você não pode perder de vista que tudo se transforma em bem para quem me ama. Então, entregue em minhas mãos a sua vida, como Cristo o fez na cruz: "Pai, em suas mãos entrego o meu espírito" (Lc 34, 46). Não tenha medo de arriscar e dê, cheio de coragem, esse passo tão importante!

Você: Eu também confio no Senhor e lanço um desafio: "Até quando, ó homens, para opróbrio de minha honra, preferirão a ilusão e recorrerão à mentira? Saibam que o Senhor opera maravilhas em quem é fiel! O Senhor me escuta, quando o invoco. Em paz me deito e logo adormeço, porque só o Senhor, ó Bom Pai, me faz viver em segurança" (Sl 4,3-4.9).

Palavra do Bom Pai: Você não apenas vai viver em segurança. Mas, também, cheio de felicidade. O que foi que o meu filho Jesus, um dia, proclamou? "Felizes serão quando os insultarem e perseguirem e, por minha causa, disserem todo tipo de calúnia contra vocês. Alegrem-se e exultem, porque grande será a sua recompensa nos céus" (Mt 5,11-12).

2. Tarefa do dia: Pare e reflita, por certo tempo. Depois, responda: "O que devo acertar e decidir em minha vida?"

Você: Bom Pai, a felicidade está querendo achar caminho para dentro de mim. Não permita dar eu ouvidos a um maldizente, pois, dessa forma, estaria eu, passivamente, participando do mesmo pecado. E isto me privaria de sua presença.

Palavra do Bom Pai: Vá em frente, lançando fora tudo aquilo que escurece o seu caminho: ira, raiva, maldade, maledicência e ressentimentos e mágoas!

3. Oração final (veja final da novena!).

2º DIA: NUM MAR DE ANGÚSTIA ABRA SEU CORAÇÃO AO BOM PAI

1. Oração inicial (veja início da novena!).

Palavra do Bom Pai: Filho querido, eu amo você e quero que a luz do sol seja, em sua vida, sete vezes maior, com o brilho de 7 dias reunidos. Por isso, eu estou aqui, para curar todas as suas chagas. Para o meu coração, você tem o direito de dizer tudo. Abra a boca e fale!

Você: "No Senhor eu me refugio. [...] Meu Deus, livre-me da mão do ímpio, do punho do criminoso e do violento! Ó Senhor é minha esperança; o Senhor é minha confiança desde a juventude; desde o ventre materno o Senhor é meu amparo; das entranhas da mãe o Senhor me extraiu; minha prece ao Senhor se eleva sem cessar. – Falam sobre mim os inimigos, confabulam os que espiam minha vida. Ó Deus, não fique longe de mim; meu Deus, venha depressa socorrer-me"! (Sl 71,1.4-6.10.12).

Palavra do Bom Pai: Comigo você pode ser mais claro. Abra-me, sem medo, o seu coração!

Você: Estou repleto de amargura. Minha alma geme e chora, dia e noite, porque gente que era amiga, gente da vizinhança, até desconhecidos, se levantam contra a minha fama e me atacam. Sim, me atacam pelas costas, talvez por inveja daquilo que sou ou daquilo que possuo. Bom Pai, tenha dó de mim!

Palavra do Bom Pai: "Filho, se aspira a me servir, prepare sua alma para a provação. [...] Apegue-se a mim e de mim não se separe, para no fim ser enriquecido. Pois é no fogo que se prova o ouro e é no cadinho da humilhação que se experimentam os homens de quem me agrado. Nas doenças e na pobreza, na calúnia e na difamação confie em mim! Confie em mim e eu cuidarei de você! Endireite seus caminhos e espere em mim"! (cf. Eclo 2,1.3.5-6).

2. Tarefa do dia: Pare e reflita, por certo tempo: Depois de tudo isso, o que devo acertar e decidir em minha vida?

Você: Bom Pai do céu, vou tentar. Vou tentar. Sei que eu posso tudo naquele que me conforta e que tudo se transforma em bem para quem o ama. Jesus passou por coisa muito pior; mas, soube resistir, soube confiar e acabou sendo ressuscitado pelo seu amor.

3. Oração final (veja final da novena!).

3º DIA: A VINGANÇA NÃO CURA, ELA SÓ ESTRAGA

1. **Oração inicial** (veja início da novena!).

Palavra do Bom Pai: Filho querido, eu amo você e quero que a luz do sol seja, em sua vida, sete vezes maior, com o brilho de 7 dias reunidos. Por isso, eu estou aqui, para curar todas as suas chagas. Para o meu coração, você tem o direito de dizer tudo. Abra a boca e fale!

Você: "Ó Bom Pai, preste-me ouvidos e responda-me, pois estou agitado e em angústia! Perturba-me o clamor do inimigo e a opressão do ímpio, porque descarregam sobre mim calamidades e me atacam com fúria. Em meu peito agita-se o coração, angústias mortais abateram-se sobre mim. – Eu, porém, invoco ao Senhor. O Senhor me salvará" (Sl 55,4-5.17).

Palavra do Bom Pai: "Não se exaspere por causa dos ímpios; não inveje os malfeitores, pois murcharão tão depressa como o feno e secarão como a relva verde. Confie em mim e faça o bem; habite a terra e cultive a fidelidade! Ponha suas delícias em mim e eu realizarei os desejos de seu coração! Confie teu caminho a mim e em mim espere! Eu atuarei, eu farei surgir sua justiça como a aurora e seu direito como o meio-dia. Acalme a ira, não se exaspere! – Isso o levaria para o mal" (cf. Sl 37,1-8).

Você: Então, venha depressa, pois meu coração berra por vingança. Ele está exigindo alguma reparação. Até a minha paciência grita dentro de mim: "Chega! Basta de ser idiota!"

Palavra do Bom Pai: Calma, filho meu! A vingança só faz piorar a situação para você. Já se esqueceu daquilo que eu falei, lá no Antigo Testamento? Ouça novamente: "Quem se vingar, encontrará vingança no Senhor, que pedirá contas severas de seus pecados. Perdoe ao próximo a injustiça cometida; então, quando rezar, seus pecados serão perdoados" (Eclo 28,1-2.5).

2. Tarefa do dia: Pare e reflita, por certo tempo: Depois de tudo isso, o que devo acertar e decidir em minha vida?

Você: Bom Pai, é a dor que me faz proferir bobeira. Também eu sou pecador; também eu preciso de seu perdão. "Ó Senhor, por sua grande compaixão, apague meus delitos! Lave-me por completo da minha iniquidade e purifique-me do meu pecado! [...] Contra o Senhor, só contra o Senhor pequei, pratiquei o mal diante de seus olhos. [...] Faça-me sentir gozo e alegria e exultem os ossos que o Senhor esmagou!" (Sl 51,3-4.6.15).

3. Oração final (veja final da novena!).

4º DIA: O EXEMPLO DE CRISTO ME CONFORTA EM TODAS AS PROVAÇÕES

1. Oração inicial (veja início da novena!).

Palavra do Bom Pai: Filho querido, eu amo você e quero que a luz do sol seja, em sua vida, sete vezes maior, com o brilho de 7 dias reunidos. Por isso, eu estou aqui, para curar todas as suas chagas. Para o meu coração, você tem o direito de dizer tudo. Abra a boca e fale!

Você: Como o Senhor sabe, meu coração estava muito ferido por causa da maledicência, da calúnia, enfim, por causa de todos os pecados da língua. Eu quero melhorar totalmente o meu modo antigo de sentir. Por isso, me dê um exemplo de quem foi ferido pelo pecado da língua.

Palavra do Bom Pai: Não há maior exemplo que o de meu filho Jesus. Seu sofrimento já tinha sido profetizado no capítulo 53 de Isaías. Veja como aí se lê.

Você: "Ele carregou as nossas enfermidades e tomou sobre si as nossas dores. E nós o considerávamos como alguém fulminado, castigado por Deus e humilhado. Mas, Ele foi traspassado por causa das nossas rebeldias, esmagado por causa de nossos crimes; caiu sobre Ele o castigo que nos salva e suas feridas nos curaram. Maltratado, Ele se humilhava e não abria a boca; como cordeiro conduzido para o matadouro e como ovelha muda diante dos tosquiadores não abria a boca (Is 53,4-5.7).

Palavra do Bom Pai: "Como cordeiro conduzido para o matadouro não abria a boca". Este é o meu filho, santo e inocente. E tudo aconteceu simplesmente porque Ele amava? Também. Mas, condenado por causa das calúnias, por causa das difamações, por pura inveja de seus adversários. – E você agora, por causa de umas difamações, longe daquelas gravíssimas consequências, começa a fazer todo esse escarcéu! Será que não dá para você também sofrer um pouco com meu filho e até se alegrar com tudo isso? Leia 1Pd 4,12-16!

Você: "Caríssimos, não estranhem o fogo da provação que se produziu entre vocês, como se algo de extraordinário lhes acontecesse. Devem alegrar-se na medida em que participam dos sofrimentos de Cristo, para que na revelação de sua glória possam exultar e alegrar-se. [...] Mas, se sofrer como cristão, não tenha vergonha, mas glorifique a Deus por este nome" (1Pd 4,12-13.16).

Palavra do Bom Pai: Triste de você se a maledicência tivesse brotado de grandes crimes cometidos por você mesmo! Se realmente os comentários se referem ao que você não fez, sorria, pois todos já sabem que isso é pura mentira. Se eles têm vindo de seus defeitos reais, alegre-se, pois deles você agora pode se corrigir e melhorar a sua vida. Se tudo provém por estar seguindo os caminhos de meu filho, feliz de você, pois o Espírito da glória repousa sobre você.

2. Tarefa do dia: Pare e reflita, por certo tempo: Depois de tudo isso, o que devo acertar e decidir em minha vida?

Você: "O Senhor me conforta em todas as tribulações para poder consolar todos os atribulados, com o consolo que do Senhor vem para mim. Com efeito, à medida que crescem em mim os sofrimentos de Cristo, crescem também por Cristo as consolações. Se, pois, sou atribulado é para meu consolo e salvação. É essa consolação que me dá a força para suportar com paciência os mesmos sofrimentos que sofro" (cf. 2Cor 1,4-6).

 3. Oração final (veja final da novena!).

5º DIA: FALANDO BEM DOS DIFAMADORES SE CONSTRÓI UM MUNDO NOVO

 1. Oração inicial (veja início da novena!).

Palavra do Bom Pai: Filho querido, eu amo você e quero que a luz do sol seja, em sua vida, sete vezes maior, com o brilho de 7 dias reunidos. Por isso, eu estou aqui, para curar todas as suas chagas. Para o meu coração, você tem o direito de dizer tudo. Abra a boca e fale!

Você: Bom Pai, dois "eus" brigam dentro de mim. Um "eu" fala de amor, outro "eu" se esgoela de ódio. Um "eu" fala de perdão, outro "eu" esperneia por vingança. Não bastasse a dor que sinto pela difamação e calúnia, essa confusão só me desorienta. Envie para mim sua verdade e ela vai me guiar pelo caminho bom, atapetado de luz!

Palavra do Bom Pai: Você sabe que eu não amo só quem é bonzinho. Sou eu quem envia o sol para bons e maus. Seu coração também é bom, embora enfrente tempestades. Deixe as palavras de meu filho Jesus acalmá-lo! Para isso, leia Lc 6,27-28!

Você: "Amem os seus inimigos; façam bem aos que os odeiam. Falem bem dos que os maldizem e orem por quem os calunia".

Palavra do Bom Pai: Insisto: Não só falar bem dos que falam mal de você; mas até mesmo abençoar tais pessoas. Como se lê em 1Pd 3,8-9?

Você: "Finalmente, tenham todos um mesmo sentir; sejam compassivos, fraternais, misericordiosos, humildes. Não paguem mal com mal nem injúria com injúria. Ao contrário, abençoem, pois foram chamados para serem herdeiros da bênção".

Palavra do Bom Pai: Como o mundo vai ficar mais macio quando você começar a falar bem de quem maldiz você; a orar por quem caluniou você! Para que jogar o mesmo jogo cruel daqueles que conseguiram fazer você tão triste e abatido?

2. Tarefa do dia: Pare e reflita, por certo tempo: Depois de tudo isso, o que devo acertar e decidir em minha vida?

Você: Meu Bom Pai do céu, estou começando a entender a grande verdade: Quando o Senhor ordena para não falar mal dos outros, o Senhor não está pensando nos outros, mas em meu próprio bem. Por quê? Porque, se eu falar mal do outro, estou prejudicando muito mais a mim mesmo. Por conseguinte, quando o Senhor me diz "não fale mal", mas, "abençoe, fale bem!" o Senhor está me protegendo e me amando. Afinal, a ordem encontrada na Carta aos Romanos retrata a grande revolução, pregada por Cristo, que vai mudar a face da terra: "Se seu inimigo tiver fome, dê-lhe de comer; se tiver sede, dê-lhe de beber. [...] Não se deixe vencer pelo mal; mas, triunfe do mal com o bem" (Rm 12,20-21).

Palavra do Bom Pai: Meu filho, o mundo novo já começou a acontecer e você é um de seus construtores. Vá em frente!

3. Oração final (veja final da novena!).

6º DIA: PARA QUE A ALEGRIA REINE EM SEU CORAÇÃO, NÃO APENAS PERDOAR QUEM SUJOU SUA HONRA. AMÁ-LO É ESSENCIAL

 1. Oração inicial (veja início da novena!).

A sabedoria de Deus sussurra em meu coração: "Não paguem a ninguém o mal com o mal. Procurem o bem aos olhos de todos os homens. Se for possível, e na medida em que depender de vocês, vivam em paz com todos os homens. Não se vinguem uns dos outros, caríssimos. [...] Pelo contrário, se seu inimigo tiver fome, dê-lhe de comer; se tiver sede, dê-lhe de beber. [...] Não se deixe vencer pelo mal; mas, triunfe do mal com o bem" (Rm 12,17-21).

2. Tarefa do dia: Pare e reflita, por certo tempo: Amar a todos os que sujaram o meu nome seria um simples conselho do Bom Pai ou é uma ordem dele? O que é que o Bom Pai está exigindo de mim?

Minha resposta: Ó bom pastor, que ama não só a ovelha que faz tudo corretamente, mas, também, aquelas que um dia me feriram! Senhor Jesus, em quem foi criado o sol para iluminar a mim e aqueles que me ofenderam! Quem sou eu para deixar fora de meu amor um só daqueles que fizeram meu coração sangrar? Abra, Senhor, o meu coração para que eu ame todos os que me fizeram sofrer!

Palavra do Bom Pai: Então, agora, em sinal de seu amor a todas essas pessoas, quero que você descubra tudo de bom que elas possuem.

Tempo de silêncio (alguns minutos), com os olhos fechados, fazendo a descoberta de todas as boas qualidades que enfeitam o coração dessas pessoas (qualidades humanas, familiares e profissionais e até virtudes).

Depois de fazer esse exercício, alegre-se, louve e agradeça o Bom Pai por lhe ter dado de presente tantas maravilhas: Dai graças ao Senhor, porque Ele é bom, porque eterno é seu amor! Ele envia o sol e a chuva para bons e maus, porque eterno é seu amor. Criou maravilhas que enfeitam o coração de todos os que me ofenderam, porque eterno é seu amor. Fez com que nossas mágoas e ressentimentos desaparecessem como a névoa diante do sol, porque eterno é seu amor. Fez a paz e a alegria retornar aos nossos corações, porque eterno é seu amor.

3. Oração final (veja final da novena!).

7º DIA: LONGE DE MIM OS PECADOS DA LÍNGUA

1. Oração inicial (veja início da novena!).

Palavra do Bom Pai: Filho querido, eu amo você e quero que a luz do sol seja, em sua vida, sete vezes maior, com o brilho de 7 dias reunidos. Por isso, eu estou aqui, para curar todas as suas chagas. Conte-me: tem ainda alguma coisa a mais para me perguntar?

Você: Tenho sim. De tudo o que me aconteceu, qual a lição que o Senhor gostaria que eu tirasse?

Palavra do Bom Pai: Filho, quando a língua dos outros feriram você, você sentiu como esse pecado gera dor e aflição. Que tal descobrir você todo o veneno dessa fonte, para dela nunca beber? Para tanto, leia agora Tg 3,8-10!

Você: "A língua nenhum homem é capaz de domar. É um mal irrequieto e está cheia de veneno mortífero. Com ela bendizemos o Senhor e Pai, com ela amaldiçoamos os homens, feitos à imagem de Deus. De uma mesma boca procedem a bênção e a maldição. E não convém, meus irmãos, que assim seja".

Palavra do Bom Pai: Sei que você, depois dessa, irá usar sua língua apenas para construir um mundo mais humano, mais alegre, com mais elogios. O grande exemplo dessa vida alegre é o meu servo, o Pe. Alderígi, santo brasileiro, cujo processo de beatificação teve início em 2001. Quantas e quantas vezes ele não repetira: "Meus filhos, cuidado com a língua. Ela é uma arma muito mais poderosa, pois ela pode matar a alma da pessoa que difama e calunia. Veja o que fala, onde fala e para quem fala!"

Você: O Senhor falou de alegria e elogios. Não sei se percebi certo: Por aquelas palavras que Pe. Alderígi usou, vejo ter sido ele um homem muito sério, não?

Palavra do Bom Pai: Que nada! Suas gargalhadas eram ouvidas de longe, quando lia *Tio Patinhas*. Até "causos engraçados" se contam sobre ele: Certa vez, alguém procura o santo e lhe diz: "Padre, estive com uma turminha, lá embaixo, e todos falavam mal do Senhor, dizendo que o Senhor desperdiça muito dinheiro com os pobres e aplica mal". O padre ouve, sorri e fala: "Então, vamos rezar um Pai-nosso por intenção deles!" Rezaram. O padre continua: "E agora, o que vou fazer com você? Vou cortar sua língua. Não se deve falar mal de ninguém". Este era o seu modo jocoso de ensinar.

Você: Que tipo interessante! Como ele deve estar feliz aí no céu!

Palavra do Bom Pai: Certo. Basta ler seu último sermão: "Vocês falam que comer carne na Sexta-feira da Paixão é pecado. Maior pecado é falar mal dos outros. Isto é maior pecado, porque faz mal aos outros. Comer a carne não faz. Um dia, todos vão morrer e vamos dar conta a Deus de tudo o que fizemos neste mundo. Quero ver todos juntos comigo no céu".

2. Tarefa do dia: Pare e reflita, por certo tempo: Depois de tudo isso, o que devo acertar e decidir em minha vida?

Você: Bom Pai, estou feliz. Hoje eu realmente aprendi qual é o poder da língua. Com ela eu posso louvar o Senhor e posso falar bem de meus amigos. Eu até posso cantar: "O Senhor fez maravilhas em meus amigos e conhecidos. Santo é o seu nome. Amém".

3. Oração final (veja final da novena!).

8º DIA: CURADO DE MEUS MALES, FAMINTA AINDA TENHO A MINHA ALMA

1. Oração inicial (veja início da novena!).

Palavra do Bom Pai: Filho querido, eu amo você e quero que a luz do sol seja, em sua vida, sete vezes maior, com o brilho de 7 dias reunidos. Por isso, eu estou aqui, para curar todas as suas chagas. Para o meu coração, você tem o direito de dizer tudo. Abra a boca e fale!

Você: Antes de morrer, Jesus clamou: "Tenho sede". E hoje eu clamo: "Estou com fome".

Palavra do Bom Pai: Diante de você eu preparei a mesa, bem à vista dos seus inimigos. Eu vou ungir com óleo a cabeça e sua taça vai transbordar. O que falou meu filho Jesus, em seu discurso, depois da multiplicação dos pães? Leia para mim Jo 6,50-51!

Você: "Este é o pão que desce do céu, para que não morra quem dele comer. Eu sou o pão vivo descido do céu. Se alguém comer deste pão viverá para sempre".

Palavra do Bom Pai: Este é o pão da unidade. Você, seus ex-inimigos a quem você ama e todo o mundo formarão plena unidade, como Paulo explicou aos coríntios: "O pão que partimos não é ele a comunhão do corpo de Cristo? Porque somos um só pão e um só corpo apesar de muitos, pois todos participamos desse único pão" (1Cor 10, 16-17). Reafirmo mais: A você eu restituirei em dobro tudo que esses ex-adversários tinham tirado.

Você: Infinito é o seu amor. Então, sei que vou recuperar toda a alegria e a beleza do amor.

Palavra do Bom Pai: Se você estava sofrendo por causa do que alguém fez contra você, Jesus o convida para um banquete. Ele está dizendo: "Diante de você preparo a mesa, bem à vista dos seus ex-inimigos. Eu vou ungir com óleo a cabeça e sua taça vai transbordar". Por isso, hoje, aproveite e beba à saciedade deste cálice transbordante de vida, de alegria e de vitória.

Você: Jesus morreu dizendo: "Pai, perdoe-lhes porque não sabem o que fazem" (Lc 23,34). Totalmente inocente, totalmente destruído, mas totalmente amor, orando pelos que o matavam. Quem como Jesus? Oxalá o mundo inteiro descubra o memorial que Ele deixou, em forma de banquete! Se Ele ordenou: "Tomem e comam. Isto é o meu corpo", só terá fome quem for surdo ao seu convite. Na santa comunhão todos serão enriquecidos com todo o amor que tudo de bom pode construir. Amém.

2. Oração final (veja final da novena!).

9º DIA: CANTO DE LOUVOR À PALAVRA ETERNA QUE VENCE A PALAVRA DESTRUIDORA

1. Oração inicial (veja início da novena!).

Palavra do Bom Pai: Filho querido, eu amo você e quero que a luz do sol seja, em sua vida, sete vezes maior, com o brilho de 7 dias reunidos. Só que meu Filho unigênito é luz de mil sóis reunidos. "No princípio era a Palavra e a Palavra estava com Deus e a Palavra era Deus. [...] Nela estava a vida, e a vida era a luz dos seres humanos. A luz brilha nas trevas; mas, as trevas não a compreenderam. E a Palavra se fez carne (no seio da puríssima Virgem Maria) e habitou entre nós" (Jo 1,1.4-5.14). E, por amor, eu enviei esse meu filho primogênito, como a Palavra salvadora, para destruir toda a palavra de morte, que fere, que destrói. Foi assim que você se transformou em luz.

Você: Eu creio. Foi Ele quem me disse: "Você é a luz do mundo" (cf. Mt 5,14).

Palavra do Bom Pai: Se a palavra de morte foi vencida, se você é palavra de luz, eu convoco você para espalhar somente essa palavra de vida, de alegria, de bênção, para que toda a palavra de morte possa desaparecer da face da terra.

Você: Feliz de mim, diante de tamanha honra! Só me resta louvá-lo, com todo o meu ser: "Eu celebrarei o Senhor, ó Bom Pai, de todo o coração, relatando todas as suas maravilhas. Confiarão no Senhor os que conhecem seu nome, porque o Senhor, ó Bom Pai, não abandona os que o procuram. O pobre jamais será esquecido e a esperança dos humildes jamais será frustrada" (Sl 9,2.11.19).

Palavra do Bom Pai: "Feliz você que descobriu a sabedoria e adquiriu inteligência! Pois adquiri-la vale mais do que a prata e seu lucro mais que o ouro; é mais preciosa que as pérolas e nenhuma de suas joias com ela se compara" (cf. Pr 3,13-15).

2. Para terminar, entoe louvores à palavra divina.

Você: Tudo é obra sua e feliz de mim que fui capturado por seu amor. Por isso, eu simplesmente quero cantar e agradecer todo o seu amor: "Eu exaltarei o Senhor, ó Bom Pai e Rei. Bendirei seu nome para todo o sempre. O Bom Pai é clemente e compassivo, lento para a cólera, grande em misericórdia; o Bom Pai é bom para com todos, é compassivo com todas as criaturas! Todas as suas obras, ó Bom Pai, deem graças ao Senhor e os fiéis o bendigam!" (Sl 145,1.8-10.21).